कविता लिखने वाली लड़कियां

अनवरत तनाव का कारण

सुषमा सक्सेना

BookLeaf Publishing
India | USA | UK

Made with ❤ on the BookLeaf Publishing Platform
www.bookleafpub.in
www.bookleafpub.com

Dedication

अनिमेष, अनुमेहा और अजित को,
जिनके साथ अपने होने का अहसास बना रहता है,
जिजीविषा बनी रहती है और बनी रहती है सच बोलने की शक्ति...

Preface

ये कविताएं जीवन के कई दशक साथ लिए चलने वाली अनुभूतियों का संकलन हैं – वे बारीकियां, जो बरसों स्मृति में ठहरी रहीं और समय के साथ पैनी होती गईं। इनकी आवाज़ सीधी, स्पष्ट और बेबाक है, और जड़ें हमारे रोज़मर्रा के समाज में गहराई तक पैठी हुई हैं। इनमें दिखने वाले पात्र कोई काल्पनिक छायाएं नहीं, बल्कि हमारे आसपास के ही चेहरे हैं – हमारे पड़ोसी, परिचित, रिश्तेदार – जिनकी कहानियां साधारण होते हुए भी गहरी हैं।

कविताएं हिंदी में हैं और जीवन के यथार्थ को स्पष्ट व सीधी भाषा में प्रस्तुत करती हैं। इनमें रोज़मर्रा के चरित्र हैं – बेरोज़गार युवक, आपसी राजनीति में उलझी स्त्रियां, वह पत्नी जिसे पति के सार्वजनिक व्यवहार से अपमान सहना पड़ता है, और वे माता-पिता जो त्योहार के दिन भी बच्चे की छोटी-सी इच्छा पूरी नहीं कर पाते। ये कविताएं संक्षिप्त, ठोस चित्र हैं, जिनमें जीवन के यथार्थ को बिना आड़-पर्दे के दर्ज किया गया है।

लेखिका शिक्षा से अभियंता व प्रबंधन डिग्रीधारक हैं तथा विभिन्न प्रबंधकीय भूमिकाओं में वे कई दशकों तक स्टील अथॉरिटी ऑफ इंडिया लिमिटेड में कार्यरत रही हैं। उन्होंने अपना जीवन पूर्वी और मध्य भारत के अनेक शहरों में बिताया है। लेखन उनका पेशा नहीं रहा, पर साथी ज़रूर रहा – कभी व्यक्तिगत ब्लॉग में, कभी अन्य मंचों पर बिखरे हुए शब्दों के रूप में। यह पुस्तक अचानक-सी चुनौती से जन्मी – एक इक्कीस दिन की काव्ययात्रा, जिसमें बरसों संजोए भाव, चित्र और शब्द काग़ज़ पर उतर आए।

इस संग्रह में कोई नियोजित क्रम नहीं है; हर कविता अपनी जगह पूर्ण है। आप इन्हें किसी भी क्रम में पढ़ सकते हैं। इन्हें जोड़ने वाली डोर

समय की नहीं, दृष्टि की है – एक ऐसा नज़रिया जो कोमल भी है और निर्मम भी, भावुक भी और निस्पृह भी। आशा है कि इन पंक्तियों में पाठक अपने जीवन की कोई झलक पाएंगे – या उस दुनिया की, जिसमें वे हर दिन चलते-फिरते हैं – और शायद, एक पल ठहर कर उसे और गहराई से देखेंगे।

Acknowledgements

यह पुस्तक अनेक वर्षों के जीने, देखने और शब्दों को अपने भीतर संजोए रखने की यात्रा का परिणाम है। यह सुखद है कि जिन विचारों को मैं बरसों से भीतर संभाले हुए थी, वे अब इस रूप में काग़ज़ पर आ सके हैं। कविताएं भले मेरी हैं, पर इन तक पहुंचने का सफ़र कई लोगों के साथ साझा रहा है।

सबसे पहले, अपने परिवार के प्रति गहरी कृतज्ञता: मेरा बेटा अनिमेष, जिसके उत्साह, सहयोग और हर समय आगे बढ़ने की प्रेरणा ने इस यात्रा को आसान बना दिया – चाहे वह छोटी-सी तकनीकी अड़चन हो या आत्म-संशय के पल, मेरी बेटी, अनुमेहा, जिसके विश्वास ने मेरे शब्दों को नई ऊर्जा दी, और अजित, जिनकी निरंतर उपस्थिति मेरे लिए संबल रही; उनके साथ का सहारा और सहज प्रोत्साहन ने हर कठिन मोड़ को सरल बना दिया। अपने माता-पिता का आभार, जिन्होंने मुझे जीवन की वास्तविकताओं को गहराई से देखने और समझने की क्षमता दी। उनके संस्कार और मार्गदर्शन मुझे निरंतर सीखते रहने के लिए प्रेरित करते रहे हैं।

मेरे स्कूल और कॉलेज के दिनों की यादें भी इस पुस्तक का हिस्सा हैं – वे मित्रताएं, साथ पढ़ने का सुख, और वे शिक्षक और प्रशिक्षक, जिनके मार्गदर्शन और जीवन-पाठ मेरी रचनाओं में आज भी कहीं न कहीं गूंजते हैं।

बुकलीफ़ पब्लिशिंग का भी धन्यवाद, जिन्होंने वह इक्कीस दिन की चुनौती दी, जिसने बिखरे हुए विचारों को एक पूर्ण संग्रह का रूप दिया, और इस पुस्तक को पाठकों तक पहुंचाने की प्रक्रिया को सरल बना दिया।

और अंत में, उन असंख्य क्षणों का आभार – जो दिखने में साधारण

थे, पर जिन्होंने युवावस्था से आज तक के वर्षों को आकार दिया। इसी मिट्टी में ये कविताएं पनपी हैं।

1. मां का झूठ

मां हर विवाह में
पहनती है एक वही साड़ी....
मां के अपने विवाह की बनारसी साड़ी

मां कितनी भी निर्विकार दिखे
या उदासीन रहे,
साड़ी के बाज़ार में

कभी एक हलकी सी चमक
उसकी आंखों में भी आती है....

जब देखती है छू के
अलट-पलट के
कोई आकर्षक रंगीली साड़ी

होंठ आपस में कस के दबा लेती है, बटुए की तरह।
सोचती है,

फिर बड़प्पन का भारी कम्बल
ओढ़ा देती है अपनी आवाज़ को।

हां......

कहती है,

नहीं लेनी है मुझे ......
बड़ी महंगी है...
दुकानदार ठग है ...
लूटता है,

नहीं लेनी है मुझे...
बहुत पड़ी हैं बक्से में साड़ियां।

चलो,
मां बच्चे का हाथ पकड़ कर कहती है।

बच्चा जानता है, मां झूठ कहती है...
मां को अच्छी लगी है साड़ी...
और मां के बक्से में नहीं पड़ी हैं साड़ियां

बच्चा जानता है,
मां झूठ कहती है.....

सच तो ये है कि
मां के पास न बक्सा है, न साड़ियां।
न ही मां के पास होते हैं रुपये...

मां हर विवाह में पहनती है
वही एक बदरंग पुरानी बनारसी साड़ी...
मां के अपने विवाह की साड़ी।

2. अमरूद खाती पगली

वो जो कृशकाय
धूल धूसरित बेनाप की ढीली लम्बी
काले चारखानों वाली कमीज़ पहने
फलों के ठेले के सामने
हाथ में एक अमरूद लिये
बेज़ार-सी उसे निहार रही

तरस खा कर
फल वाले ने उसे दिया था
क्या पगली का कुछ ख़ास खाने का जी करता होगा?
किसी को बताती होगी?
कभी गरम दाल भात की याद आती होगी उस को?

3. चच्चा और घूंघट

जनेऊ को अंगुली से उठाते
कान के ऊपर लपेट लेते चच्चा,
फिर बैठ जाते करीने से,
बर्तन धोने के चबूतरे के पास, मोरी के किनारे,
चाची यूं गुजरती वहां से, जैसे धार्मिक क्रिया चल रही हो कोई।
और चच्चा निवृत्त हो खड़े होते,
अचानक दहाड़ते बाघ की तरह,
"ढांको खोपड़ा अपना...."
रूह तक कांप जाती युवा बहूरानी की
जिसके सर से पल्ला सरक गया था।

4. कहां की हूं मैं

जब भी पूछता है कोई,
कहां की हूं मैं..?
और अगर मैं किसी एक जगह का नाम लेती हूं....
सिहर जाती हूं, कि जैसे झूठ बोल रही हूं।
कि बेवफ़ाई हो जैसे,
अपनी मोहब्बतों से,
एक जगह का नाम लेके
उन बहुत सारी जगहों का दिल दुखाया हो जैसे मैंने,
जिन सब जगहों की हूं मैं।
किसी एक ख़ास की नहीं....
किसी एक क्षेत्र, राज्य, देश या ग्रह की कहां ठहरी मैं!
कहां मैं किसी एक तारा मंडल की!
उसी ने बनाया मुझे, जिसने बनाया सबकुछ।
मैं भी एक हिस्सा हूं,
किरण, हवा, तितली, पंछी, पानी की तरह,
फूल, चींटी, घास, पत्ती, मछली की तरह,
सिर्फ़ ग़ुलाब, कमल नहीं,
अकवन, कनेर, धतूरा, बेर की झाड़ी की तरह,
कैक्टस की तरह, उलझी लताओं की बाड़ी की तरह,
तुलसी की तरह, दवना की तरह.....
रेत, नमक, शंख, कौड़ियों की तरह,
मैं भी हर तरह से एक हूं,असंख्य रचनाओं में से,
इतनी एक कि एकसार हुई जाती हूं,
पवन गुजर जाती है मेरे भीतर से,

धूप जा बैठती है मेरी आत्मा की धरती पर,
बारिश मेरे अस्तित्त्व पर बरसती है,
फूलों का खिलना, गौरैया का फुदकना,
पशु-पक्षियों का विलाप भी मेरी शिराओं में होता है,

जिसने सबको बनाया, उसी ने मुझको,
या पंचतत्वों से प्राण खींच कर, सब खुद ही उग आये,
उसी तरह मैं भी जैसे स्वयं ही बन के खड़ी हो गयी,
यों ही बन जाना, नष्ट होना, विलीन होना,
और फिर आना, बना रहेगा मेरा भी,
कहीं भी...किसी एक जगह की हूं नहीं मैं,
हर जगह की हूं।

5. सरस्वती पूजा और बेटियां

सरस्वती पूजा में सजना चाहती हैं, लड़कियां
बेटी हठ करती, रोती है, नये कपड़ों और सजने के साजोसामान के लिए
माता-पिता टालते हैं, समझाते हैं,
फ़िज़ूलखर्ची, सादगी, ऊंचे विचार वगैरह
कलेजा उनका रोता है, खून के आंसू।

हिसाब-किताब, जोड़-तोड़ लगा,
आपस में करते मशविरे,
मां समझाती है, पिता भारी मन से उठते हैं।

दुकान वाला कहता है,
"आप तो ले जाओ जी,
पैसों का क्या है,
आ जायेंगे,
घर वाली बात है..."

सजधज के घूमती है दिन भर, सुन्दर चिड़िया-सी
पैरों में पर लगाये, भोली मुनिया
दोपहर ढलते तक, कट जाते हैं कोमल पांव कई जगह,
कई आ जाते हैं छाले।
..लकदक जड़ाऊ सैंडल से,
जो सस्ती बनी होती है और दिखती महंगी....
दुखते पांव घसीटती है मुनिया,

सहेली का सहारा लेके।
सिमटी इतनी कि जैसे सैंडल का काटना,
उसके संस्कारों में कमी,
उसका अपना गुनाह हो कोई।
पिता रमना चाहते हैं, अपनी दिनचर्या में,
सब पीछे छोड़ कर मगर....
उधार के बोझ की उदासी और बेटी की खुशियों की रौनक,
धूप-छांह की तरह.....
आती-जाती है चेहरे पर।

मां देखती है,
बेटी घर आ के थक के सो जाती है,
मां फिर पिता को बुला के कमरे में ले जाती है,
एक फटे गंदलाये रूमाल की गांठें खोलती है,
गर्व से, सुकून से, राहत से।..
रख देती है पिता की मुट्ठी दबा कर,
अपना आख़िरी गहना.....
पिता हारी आंखों से देखते हैं,
मां कहती है,
कोई बात नहीं....
सब उसी का तो है.....

6. कविता लिखने वाली लड़कियां

कविता लिखने वाली लड़कियां,
परिवार का सिर दर्द होती हैं,
खास तौर पर जब घर में बढ़ती उम्र के लड़के हों।

लगभग इतना बड़ा सिर दर्द,
कि लगता है, पैदा होने से पहले मर क्यों न गयी, सब्र कर लेते।
भाइयों के अनवरत तनाव का कारण,
घर के बाहर दोस्तों के बीच सिर नीचा करातीं।
पड़ोसियों की जिज्ञासा का कारण,
उनका भी ध्यान भटकातीं।
खास तौर पर जब उनके लेखन में,
कहीं प्रेम-इत्यादि की चरित्रहीन भावनाएं दृष्टिगत होती हैं।

सब चिंतित हो जाते हैं...
पिता के चेहरे की सलवटों में
मुरझाहट आ जाती है,
पिता को गर्व तो होता है प्रतिभा पर,
लेकिन बेटी की कल्पना की उड़ानों का मूल तलाश करते हैं,
खास तौर पर जब घर में बेटियां ब्याहने को पड़ी हों।

मांएं घबरा कर ईश्वर को हाथ जोड़तीं,
पहरे सख्त होते जाते हैं, देखभाल बढ़ती जाती है,
खास तौर पर जब मां ने भी बचपन में कविताएं लिखी हों।

7. मां और मलबा

मां बना लेती है खाना,
कहीं भी जला लेती है चूल्हा
शहर के गंदे नाले के पक्के किनारे पर,
सड़क के बगल में धूल भरी पगडंडी पर।
..रेल पटरियों की गिट्टी पर,
या किसी टपकते छज्जे से थोड़ा इधर-उधर खिसक कर।
पका लेती है, गरम दाल, चावल, रोटी, सब्ज़ी...
परोस देती है बच्चों को....
खा लेते हैं लगन से रुच-रुच के अपनी-अपनी थाली......
और मां रोज़ की तरह ही भावविहीन पर इत्मिनान से,
बैठी चूल्हे के पास ज़मीन पर,
घुटनों को बांह में समेटे,
कभी हथेलियों में चेहरा टिकाये....
देखती रहती है शून्य में,
मन ही मन अगले वक़्त की तैयारी की सोचती....
मां बना लेती है खाना,
अपने तोड़े गये घर के मलबे के ढेर पर बैठ कर भी....
मां बना लेती है खाना..
और भर लेती है पेट बच्चों का....
टूटे हुए घर का मलबा मां को तोड़ नहीं पाता.....
मां बना लेती है खाना, कहीं भी जला लेती है चूल्हा...

8. मैं एक बेरोज़गार नौजवान था

मैं एक बेरोज़गार नौजवान था
कितनी मधुर लगती थीं
और गहराई तक कचोटती थीं
रेडियो और दूरदर्शन पर
उद्घोषिकाओं की आवाज़ें
जब वो पढ़ती थीं रिक्तियां, अर्हताएं

कैसे दिल धड़कता था
कैसी थी ज़िन्दगी से वो मोहब्बत
हर मोहब्बत से बड़ी
रिश्ता कुछ उम्मीदों, कुछ तमन्नाओं का

कल से घर की सब तकलीफ़ें दूर हो जायेंगी

मां को ला दूंगा एक सोने की चेन, बहन को एक कलाई घड़ी....
रिश्ता ऐसे छोटे-छोटे ख़्वाबों का

अब जो रोज़मर्रा ऑफ़िस आता-जाता हूं
अब जो ज़िन्दगी चलती है मालगाड़ी की तरह पटरी पर
और आ जाती है एक नपी-तुली तनख़्वाह बैंक में हर महीने,
अचानक शामों को मन चला जाता है तीन दशक पहले की शामों की तरफ़
जब
सरकारी सेवाओं के ख़ाली पद बताये जाते थे

आकाशवाणी और दूरदर्शन पर,
वह एकरस तथ्यपरक संभव-सी आवाज़
बस शायद यही काम मिल जाये
आवाज़ तो मेरी भी अच्छी है पढ़ता तो मैं भी अच्छा हूं।
एक व्यावसायिक भाव से बेचूं नौकरी के सपने.....

किस तरह दिल पे एक सही निशाने के तीर-सा घुस जाता था
रोज़गार समाचार का वह कोना जहां कुछ अपने जैसा दिखे।

इतने सालों से वही बोझ रोज़ उठाता, रोज़ उतारता
जीता हूं जो, तो अकेले बैठे कभी याद आते हैं वो दिन
एक उच्छवास, एक सुख-दुःख की मिली-जुली दुनिया, ये ज़िन्दगी की रिवायत

अब जो भी है
जैसी भी है
बस ठीक है, स्वीकार कर लेने का भाव...

एक बूंद पानी आंख की कोरों पर आता है,
जिसे मैं छुपा के, मुस्कुरा के पोंछ लेता हूं
और दिल की नरम सतह पर दुआएं लिखता हूं।

भाई की कमीज़, दोस्त के जूते उधार पहन कर
जो अनवरत चक्की-सी चलने वाली नौकरी का इण्टरव्यू पास किया मैंने
बस..बस ईश्वर मेरे-जैसे हर नौजवान को इतना ज़रूर देना....
क्योंकि ईश्वर न करे, ज़िन्दगी इस से भी ज़्यादा ख़राब हो सकती थी

और उठ जाता हूं रोज़ उसी रस्ते पर चलने।

जब गला सूख जाता था सोच के कि कब होगा, क्या होगा
कंठ में गटकना मुश्किल होता
जैसे धातु की कोई गोली फंसी हो,
छाती में ग़ुबार
पेट में ऐंठनें।

ज़िन्दगी झोपड़ी से महल नहीं,
बस मध्यम वर्ग से मध्यम वर्ग का एक सफ़र रही
और बस बहुत रही।
क्योंकि ये भी न होता तो क्या होता?

मैं एक बेरोज़गार नौजवान था।

9. दीदी

दीदी
जीजाजी के द्विअर्थी चुटकुलों पर
बेलौस ठहाका लगा कर
परिपक्वता का असफल अभिनय करती..
मेकअप की परतों में छुपाये चोटों और आंसुओं के कई रंग।

अपने फूहड़ संवादों में
ज़ोर से हंसते
प्यार भरी नज़र से
यों देखते जीजू दीदी को
जैसे दुनिया की सब स्त्रियों को चुनौती हो।

दंपती की प्रेममय तस्वीर खिंचाने
जीजू खींचते हैं बांह से
दीदी को अपनी तरफ।
उनके कांधे पे हाथ रखते
और खड़े होते
फोटोजेनिक कोणों और मुद्राओं में दोनों,
विजयी दांपत्य के
अनुकरणीय उदाहरण की तरह।

सुहागिन की सस्ती प्रतिलिपि,
कभी दुत्कारी हुई, निरीह घबरायी,

और कभी लुटी-पिटी
पालतू पशु सी हमारी दीदी।

10. शिकार के बख़त चाची

आ गयी चाची, साड़ी सरियाती निहाल, निश्चिन्त।
अपमान के ज़हर के दो घूंट पिए तो क्या हुआ?

अब वहां क्या मालूम, बाथरूम मिलता कि नहीं मिलता।

चाची की ज़िन्दगी में निर्णयों के विकल्प बड़े अजीब हैं,
चुनती आयी हैं इस अपमान,
या उस अपमान या किसी और अपमान में से एक।
क्या ज़िन्दगी है चाची की और क्या ताक़त है उनमें
उनके सामने के विकल्पों में सम्मान कभी रहा ही नहीं, हालांकि विकल्प कई रहे हैं।
उनके चरणों में अपनी नम आंखों का पानी अर्पित कर देना ही उन्हें सच्चा प्रणाम होगा।

खां खां खां
कुछ ऐसी ही ध्वनि से हंसते हैं चच्चा हमारे
दिन में सौ बार कहते हैं हंस कर,
अरे क्या कहें इन औरतों का....
वैसे चच्चा ये भी कहते हैं कि उन्हें चाची से बड़ी उल्फ़त भी है।

और चाची?
चाची भी कहती हैं,
अब अच्छे या बुरे जैसे भी हैं, यही हैं, इन्हीं से बंधी हूं मैं तो।

चच्चा तैयार हैं, रेशमी कुर्ते और लट्ठे के पजामे में।
और चाची भी तैयार ही हैं,
शादी का न्योता है, जाना है..

चच्चा कहते हैं, अरे ये औरतें......
चलो भी अब, और कितना तैयार होना है...
चाची संभालती हैं कपड़े, एक मिनट....बस एक मिनट और दौड़ पड़ती हैं बाथरूम की ओर...
चच्चा भृकुटि चढ़ाते हैं...,"खां... खां... खां..."
तम्बाकू की पीक पच्च से थूकते हैं.....
"शिकार के बख़त कुतिया........".... आखिरी शब्द कुछ सुनाई नहीं दिया.....
फिर पीक भर आयी चच्चा के मुंह में,
और व्यंग्य और तिरस्कार से दो टके की सरकारी नौकरी में
चोट खाये कुंठित पौरुष की धार से..
चच्चा फिर कहते हैं "शिकार के बख़त कुतिया...."
फिर एक शब्द मुंह में।
क्या कहते हैं चच्चा?
किसी ने धीरे से बरजा मुझे,
बार बार मत पूछो, कोई अच्छी बात नहीं।.......
अरे वो एक कहावत होती है,
जब शिकार में संग जंगल ले जाई गई कुतिया, ऐन वक़्त पर....
रहने दो, तुम मत पूछो क्या करती है कुतिया, शिकार के बख़त।

11. सिकंदर घर की ओर

इनके पास न घोड़े हैं,
न आसान-सा कोई बैकपैक,
न अच्छी सी कोई जीन्स, न बढ़िया जूते
कुछेक के पास साइकिल है और उसमें पीछे बंधा बक्सा,
कुछ के पास रिक्शा है और ज्यादातर पैदल हैं।

ये कोई खुशहाल, खुशदिल ट्रेकर नहीं हैं,
मगर ये कुछ भी कर सकते हैं,
माउंट एवेरेस्ट भी चढ़ सकते हैं,
चांद को भी फतह कर सकते हैं, कहो तो रस्सा फेंक के खींच लाएं,
ला सकते हैं यही लोग सचमुच सितारे तोड़ के
और समुद्र की अतल गहराइयों में डूब कर मोती,
सब कर सकते हैं ये...सब जो ज़ज़्बे और मेहनत के दम से हो सकता है.........
मुश्किल ये है कि दृढ़संकल्पों, मज़बूत इरादों और घोर परिश्रम के सिवा और बहुत कुछ है नहीं इनके पास।

हर तरह के लोग हैं ये,
हवाई चप्पलों और खाली पैरों वाले भी।
पॉलिथीन का टूटता पैकेट फंसाये दुखती अंगुली में
और बेतरतीब होती जा रही गठरी ढोते
ज़ज़्बा तो ऐसा है कि आज कई स्त्रियों ने पहनी है, अपनी सज-धज के बाहर जाने वाली हरी-पीली साड़ियां भी।
ज़िन्दगी का एक यादगार सफर है ये?

बड़ों के कांधे पे कोई मुनिया, कोई हामिद, कोई गुड़िया, कोई राजू।

कब लिए होंगे ये कड़े फैसले,
रातों को बेहिसाब सोचते-सोचते।
...बहुत सोचा होगा, बहुत जिरहें की होंगी अपने-आप से...रिश्तेदारों से...पत्नी से...चाची से...पड़ोसी से।
नहीं, अब कुछ और नहीं होने वाला..कोई रास्ता बचा ही नहीं,
कोई उपाय नहीं, कोई उम्मीद नहीं, बस चलना होगा, घर वापस...
और जल्दी-जल्दी समेटा होगा, बाढ़ में डूबते घर की तरह..
कुछ जरूरी सामान..कुछ पाथेय..
इनके स्टेटस पे नहीं पोस्ट होने वाली ये लम्बी राहें.....
पर इन्हें पहुंचना है...
इनके दृढ़ इरादों की मिसाल से, सबक किसी को नहीं पढ़ाया जायेगा...
प्रेरक कहानियां नहीं लिखी जानी हैं,
इनके संघर्ष, इनकी आपदाओं...इनकी चुनौतियों और इनकी जिजीविषा पर।
इनके ज़ज़्बातों का मकसद सिर्फ इन्हें आज़माना है,
टेड टॉक में आना नहीं।
सिडनी, सिएटल, न्यू यॉर्क, पेरिस, तेहरान की तस्वीरों का भव्य खालीपन,
और सांय-सांय की हुंकारें भरते सन्नाटे में इंतज़ार का एक घुमड़ता शोर है।

उतने ही खामोश और बेजुबान लगते हैं सड़कों पर गांव जाते जत्थे...ज़िन्दगी की यह सदियों पुरानी तीर्थ यात्रा है,

ज़िन्दगी की आंखों में हैं आंसू
ज़िन्दगी के दिल पर भारी बोझ,
खाना मांगते बच्चों को पानी पिला के सुला देने वाली बेबस मांओं-
जैसा।

फिर भी ये सच है कि किसी मुश्किल में ये ताकत नहीं,
कि हरा डाले इनकी हिम्मत को।
ये साहस अजेय है और ज़िन्दगी के ऊपर इनकी जीत भी लाज़िमी..

रास्ते के पेड़-पौधे इनका स्वागत करने वाले हैं
नदियां सूझ-बूझ से इनके रास्ते बताने वाली हैं...
शामों को हो सकता है, इनके बसेरों में कंडे जलें...धुएं उठें..
एक अलगनी-सी बना के कुछ कपड़े सूखें..
ज़िन्दगी की बयारें आएं और पेड़ों पे तनी चादरें
खुद को इनके इरादों की पताका समझें।
अपने आप को बेहद साधारण समझने वाले ये
कोलंबस, सिकंदर...झांसी की रानियां...पहुंचेंगे घर वापस...

ये इतिहास का एक पन्ना लिखा जा रहा है,
जो किसी किताब में नहीं आयेगा।

12. एक नन्हीं-सी स्त्री से

एक नन्हीं- सी स्त्री,
बढ़ती हुई प्रतिदिन नए रूप, रंग और आकार में,
ढूंढती है वह,
जो उसके लिए बना होगा,

जो खोजेगा और पायेगा, आकर्षण और खूबसूरती उसमें,
कहेगा, "दुनिया में होगा, सौंदर्य बिखरा तो क्या हुआ,
मैं तेरा हूं, बस तेरा,
और तुम बस मेरी...."

उसी दिन रुक जाती है, स्त्री तुम्हारी दुनिया।
जब तुमने समझा कि यही है पुरुष,
जिसने तुम्हारे मन में देखा,
जिसने तुम्हें समझने की कोशिश की,

उसी क्षण भूल गयी थीं तुम,
कि अब प्रेम का स्वर्ग, प्रेम में नहीं,
प्रेम के दावों में और प्रेम की प्रक्रिया के आनंद में जा चुका है,

प्रेम मूक दर्शक है,
इस प्रक्रिया के बाहर,

जब तुम झूठ को सच मान कर जीने को आतुर हो!

जो नन्हीं स्त्री उमड़ती-घुमड़ती, पथरीली राहों को रेत बनाती एक तीव्र नदी थी,
जड़ हो जाती है,

नहीं रह जाती,
छलकती...उठती-गिरती, साफ़, ताज़ा, पारदर्शी,
रोज़ निखरती, बहती नदी....
बन जाती है वह, एक ठहरा पानी,
उसी जगह, उसी अनुप्रस्थ काट में रुक कर...
जहां उसे प्रेम करने वाला पुरुष मिला था।

ठहरे पानी में डालती है इत्र,
सजाती है वही एक तट,
जहां वह पुरुष खड़ा था...
ढूंढती है मायने रुक के,
पैर धोने में, एक ही जगह और मैली, तेजविहीन होती जाती है।

बरसों बाद उदास जब,
खड़ी अपनी चौखट पर,
एक अंतहीन प्यास और प्रतीक्षा लिए,

पूछती है अपने-आप से,
क्या वह सब मिथ्या था?
भूल कहां हुई?

तो उसे याद दिलाना ज़रूरी होता है कि तुम एक लहलहाता खेत थीं...
तुम्हारे बदन पर उगते थे, नित्य नए फूल...

तुम वही नदी की एक बहती धारा,
रोज़ तुम में रंग-बिरंगे निर्दोष, निःस्वार्थ पंछी
स्वच्छ जल का आस्वादन करते।

तुम हवा का झोंका थीं, रुक क्यों गयीं..?

जब ऊंची-नीची रफ्तार में तुम स्वतंत्र चलोगी,
स्वयं अपने दर्पण में पाओगी, अपना सच्चा रूप
तब आईने की सुनना, किसी और की नहीं।

13. आलू प्याज की गाड़ी

मां, गाड़ी पलट गयी
मां, प्याज है
आलू है
मां, लालची बच्चे हैं
मां, देखो सब उठा के ले जा रहे हैं
मां, सब गंदे हैं
मां की नज़र कहां है?
सूखी उदास आंखों में
ये कैसी चमक है?
मां के बुझे चूल्हे की राख जैसे उड़ी हो,
नीचे से एक चिंगारी धीरे से दिपदिपा गयी।
सटा लेती है अपनी जान को पास खींच के,
भूख ने भीतर से धक्का यूं मारा
कि लड़खड़ा गयी है
चल ना बाबू
चल ना
आलू प्याज हम भी उठायेंगे,
ले के आयेंगे,
बना के खायेंगे

14. सुदर्शन पुरुष और स्त्रियां

स्त्रियों के रूप रंग से
स्त्रियों के रूप रंग पर
ठहर जाने वाली दुनिया में भरी हैं बातें,
कविताएं।
साहित्य और इतिहास भी ओतप्रोत और दिग्भ्रमित हैं।
आत्मविस्मृत होने
मदहोश होने, विक्षिप्त होने, खो जाने से लेकर मर जाने तक,
स्त्रियों के सौंदर्य पर टिकी हुई रचनाएं और जैसे इसी धुरी पर
घूमती-सी दुनिया।
कभी क्यों नहीं लिखा किसी स्त्री ने
पुरुष के रूप को मादक या आकर्षक?
लिखा भी तो संभल के भक्ति-भाव का दीवानापन,
कृष्ण की भुवनमोहिनी छवि के चारों ओर,
या सुदर्शन राम के प्रति समर्पण से आप्लावित
पैरों के नाख़ून से
मिट्टी कुरेदती किसी किशोरी का विवरण
या फिर शूर्पणखाओं की धृष्टता पर क्षमाविहीन वार का जयगान।

15. विजेता और अपराधी

नाम और जन्म के अपराधी थे,
जन्म का परिचय बता
गड़ा लेते नज़र ज़मीन पर,
लज्जा, हीनता, हार, बेबसी और भाग्य के अभिशाप से।

नाम और जन्म के विजेता थे,
तिर्यक विद्रूप होठों और माथे की सलवटों में
उपहास, उपेक्षा और अपमान का था अधिकार
और तन जाते थे अहंकार और अभिमान से
नाम और जन्म का परिचय पूछ कर या पूछे जाने पर।

16. उसकी ख़ाली गृहस्थी

उम्र: तक़रीबन पैंतीस
कपड़े: एक सस्ती मगर नयी लाल टी शर्ट,
एक पुरानी धुली मगर बिना इस्तरी की, हल्के भूरे रंग की पैंट
चप्पल: काली पट्टी वाली, मैली और पुरानी।
कुछ सोचता-सा चला जा रहा था,
कि उसके पैरों से कुछ टकराया,
उसने झुक कर देखा सड़क के किनारे पड़ी
मिनरल वाटर की ख़ाली बोतल थी।
उसने उठायी बोतल, ढक्कन बंद कर के देखा,
कई भाव आये-गये चेहरे पर,
संतुष्ट दिखा, बोतल टपकने वाली नहीं लगी।
फिर उसे संभाल कर पकड़े हुए चला गया।
वो ख़ुश था।
उसकी गृहस्थी में कुछ जुड़ा था।

17. सुबह सुबह का रनवे

सुबह सुबह का रनवे
और बस एक मैना,
खुले-खुले से रनवे पे,
अकेली-सी लगी,
कुछ चुगती रही रुक रुक के,
जैसे मन हो उसका कहीं और,
और निभाती हो ज़िन्दगी की रिवायत जैसे।
और फिर पास में दिखी एक और मैना,
अपने में ही रही फिर भी जैसे साथ पहली मैना के।
अब फुदकता हुआ आया कव्वा,
वह भी निर्दोष भोला,
चौंक-चौंक के निहारता इधर-उधर,
और रनवे बन गया एक ख़ुश जगह,
धीरे-धीरे।
कई पंछी दाने और कीट-पतंग चुगते।

18. राजेसवा के सवाल

राजेसवा के मन में असंख्य सवाल।
कभी गुब्बारे बेचता,
कभी कारों के शीशे चमकाता,
कभी छोटे भाई को मुश्किल से कमर पर
टांगे खड़ा होता।
कभी पॉलिथीन के लिफ़ाफ़े से
एक ठंडा बासी समोसा खाता।
वहीं फुटपाथ पर जन्मा,
उसी चौराहे पर पला-बढ़ा,
मां वहीं धो लेती कपड़े,
जो वो चौराहे की रेलिंग पर सूखने को फैलाता।
भाई को टांगे-टांगे,
भटक कर
स्कूल की चारदीवारी तक पहुंच जाता।
ये क्या करते हैं, बच्चे?
लाइन में खड़े हो के,
प्रार्थना गाते।
यूनिफार्म पहनते,
फुटबॉल खेलते,
सबकी मम्मियां उन्हें लेने आतीं।
डिब्बे खोलते, कुछ निकाल कर खाते,
क्या खाते?
एक दूसरे को आल द बेस्ट बोलते,
ये क्या होता है?

एग्जाम देते,
एग्जाम क्या होता है?
राजेसवा स्कूल की चारदीवारी पर चढ़ कर सोचता है।

19. तुमने उसमें क्या देखा

तुमने उसमें क्या देखा?
शुरुआत में इस सवाल के जवाब बड़े अलग होते हैं,
आंखें दूर सपनों तक उठती हैं,
मुस्कुराहट इतनी भरी-पूरी कि जैसे
बाढ़ की तरह मन और चेहरे के बाहर बह जाती है।
एक रंगीन धुंए के बादल उग आते हैं,
और अगरबत्ती की महक भी।
सवाल के जवाब बहुत असाधारण होते हैं,
जैसे वह स्त्री या पुरुष न होकर,
कोई अद्भुत संभावना है।
किसी और लोक से उतरा या उतरी,
किसी एक ही के लिए बना या बनी,
और जैसे ये प्रेम कथा आरम्भ ही न होती,
जैसे कोई प्रेम कथा आरम्भ न होती,
अगर हम न होते अद्भुत, अगर तुम न होते अद्भुत।
इस तरह सिर्फ़ एक-दूजे के लिए बने,
प्रेम और आकर्षण एक ऐतिहासिक घटना हुई हो मानो,
जैसे दो सदियों बाद कुछ ग्रहों का एक क़तार में आ जाना।
और फिर वही ज़िन्दगी.....
और फिर वही ज़िन्दगी.....

20. कल पक्या मारा गया

कल पक्या मारा गया
अख़बार में पढ़ा आज पक्या मारा गया।
कौन था पक्या? किसने मारा?
पक्या हिस्ट्रीशीटर था,
गैंगवार में मारा गया, कल रात।
मगर वो था कौन? और क्यों मारा उसे?
ओह! बताया ना! हिस्ट्रीशीटर था!
रात नदी के पुल पर भाग रहा था, जान बचाता,
आपसी रंजिश थी, हमले की वजह।
गोली लगी, मर गया।
मगर वो था कौन?
किसका बेटा?
किसका भाई?
किसका पड़ोसी?
किसका दोस्त?
किसका प्रेमी?
क्या पसंद था उसे खाने में?
क्या कभी नाचता था वो?
क्या गाना आता था उसे?
क्या कभी रातों को बैठता था वो, खुले आकाश को देखता हुआ?
क्या चांद को निहारना अच्छा लगता था उसे?
कौन था वो?

21. पटरानी

अय्याश पुरुषों के हरम में,
जीत कर और खरीद कर,
लायी गयी औरतें भी
रोज़ एक युद्ध लड़ती हैं,
आपस में।
एक दूसरे के रक्त की प्यासी, दिल के भीतर,
फेंकती हैं पासे, रचती हैं व्यूह,
बुनती हैं इंद्रजाल।
उनकी जीत का पुरस्कार,
है उनकी कल्पना में,
उनके नारीत्व की पराकाष्ठा, उनकी नज़र में,
एक दुर्व्यसनी के ऊपर एकछत्र अधिकार।
वे लड़ती हैं स्वयं को सबसे चरित्रवान सिद्ध करने की लड़ाई।
सरलता और विनम्रता की कौन हुई देवी सबसे बड़ी,
और कौन सबसे बेहतरीन प्रतिमा सुंदरता की।
उन्हें यह यथार्थ कभी नहीं हराता,
कभी नहीं डराता,
कि वे स्वयं लूट में हासिल की गयी संपत्ति हैं।
वे अभी भी एक अभियान पर हैं,
कौन बनेगी विजेता,
बल, बुद्धि, षड्यंत्र और मोहिनी भंगिमाओं की इस दुर्दांत प्रतिस्पर्धा में,
जो दिल जीतेगी,
चरित्रहीन विलासी राजा का

और बनेगी पटरानी।

22. कुआं और खाई

क्षोभ से भरी हुई थी वो
तड़प गयी थी इस नुकसान और धोखे से
सामने वह भी खड़ा था निष्प्रभ
असहाय
जैसे हत्या का झूठा आरोप लगा हो।

बस...बस... अब मुझे इसके साथ रहना ही नहीं है..गांव चली जाऊंगी
इसे ज़रा भी शर्म न आयी
मुश्किल से काट-जोड़ के बचाया था बरसों
खरीदी थी कानों की बाली
बेटी ब्याहनी है, पापी ने ये भी न सोचा
निठुरे क्या दे के भेजेगा?

...प्रश्नवाचक निगाहों के सामने
हताशा से बोल पड़ा, अपने शब्दों को गटकते हुए
"ग़लती है...ग़लती है मेरी...
लेकिन क्या कान की बालियों के आगे
हमारा पच्चीस साल का रिश्ता तोड़ देगी?"

सचमुच मुक्ति की सभी व्याख्याओं पर प्रश्नचिह्न था
और उस स्त्री को चुनना था उस दिन भी,
कुएं और खाई में से एक!

23. राजा और रंक

मालकिन बड़ी अच्छी है
बड़ी सहृदय
इतना बड़ा व्यापार चलाती है,
करोड़ों में खेलती है,
विरासत में मिला व्यवसाय दमखम से चलाती है।
मुनाफ़ा है,
शोहरत है,
देखने में भी भली
ख़ूबसूरत युवती है।

मेकअप है,
रौनक है,
ऐश्वर्य है,
परिष्कार है।

राजकुमारियों जैसा ही व्यवहार है।

मगर, बड़ी सहृदय है,
जी खोल के देती कर्मचारियों को उपहार।
ओह! उनका भी तो तीज - त्योहार।

बड़ी सहृदय है मालकिन,
देखो, सब नौकरों को मानती है बराबर,
नहीं करती कोई भेदभाव, कोई अंतर।

और आज तो ग़ज़ब कर डाला,
जब सब नाचे कर्मचारी,
तो डांस फ़्लोर पर उतर आयी राजकुमारी।

नाची सब के साथ, भाई , कितना बड़ा ह्रदय है।
देखो, अख़बार, सबने गुण गाये हैं,
परजों के बीच राजकुमारी को देख, सभी अघाये हैं।
ऐसे ही थोड़े ना बनते हैं,
उद्योग - व्यापार के सफल नेता,
'बिजनेसमैन ऑफ़ दि इयर...बिजनेस वुमन ऑफ़ दि इयर...'

क़दर करते हैं, भाई, इंसान की क़दर।
टीम की क़दर
हां...हां...वही मातहतों की टीम,
कर्मचारियों और सेवकों की
वही जिनको राजकुमारी ने दिया रोज़गार...
एक ख़ुश कार्यस्थल, एक ख़ुश व्यापार बनाने में,
नेतृत्व के गुण तो लगते हैं...
इतना आसान थोड़े ही है!
देखो, कितनी विशालहृदया,
सिंहासन से उतर कर नाची राजकुमारी,
और फिर जा बैठी सिंहासन पर।
क्या ग़ज़ब है, राजकुमारी!

ख़ुश होकर और काम करेंगे,

प्रोत्साहित कर्मचारी।
इक्कीसवीं सदी के राजा और रंक हम।